丝绸之路经济带沿线国家国际私法

邓社民 等 译

本丛书得到新疆大学2022年双一流项目和部区合建项目-中亚国家法律文本翻译与研究项目与新疆大学2023年双一流项目和部区合建项目-西北边疆治理与文献研究中心项目（23XB04）以及2023年新疆维吾尔自治区武汉大学小组团援疆项目的大力资助

PRIVATE INTERNATIONAL LAW

法律出版社 LAW PRESS · CHINA

北京

图书在版编目(CIP)数据

丝绸之路经济带沿线国家国际私法 / 邓社民等译
. -- 北京:法律出版社,2025
(丝绸之路经济带沿线国家法律译丛)
ISBN 978-7-5197-9053-0

Ⅰ.①丝… Ⅱ.①邓… Ⅲ.①国际私法-研究 Ⅳ.
①D997

中国国家版本馆 CIP 数据核字(2024)第082022号

丝绸之路经济带沿线国家法律译丛	**丝绸之路经济带沿线国家国际私法** **SICHOU ZHI LU JINGJIDAI YANXIAN GUOJIA GUOJI SIFA**	邓社民 等 译	策划编辑 田 浩 责任编辑 田 浩 装帧设计 汪奇峰

出版发行 法律出版社
编辑统筹 法商出版分社
责任校对 王晓萍
责任印制 胡晓雅
经　　销 新华书店

开本 710 毫米×1000 毫米 1/16
印张 4.5 **字数** 63 千
版本 2025 年 8 月第 1 版
印次 2025 年 8 月第 1 次印刷
印刷 中煤(北京)印务有限公司

地址:北京市丰台区莲花池西里 7 号(100073)
网址:www.lawpress.com.cn
投稿邮箱:info@lawpress.com.cn
举报盗版邮箱:jbwq@lawpress.com.cn

销售电话:010-83938349
客服电话:010-83938350
咨询电话:010-63939796

书号:ISBN 978-7-5197-9053-0
定价:22.00 元
凡购买本社图书,如有印装错误,我社负责退换。电话:010-83938349

丝绸之路经济带沿线国家法律译丛

编　委　会

目　录

Contents

第一部分　《哈萨克斯坦共和国民法典》国际私法编

《哈萨克斯坦共和国民法典》国际私法部分1994年12月27日经哈萨克斯坦共和国最高委员会（269－Ⅻ）通过，1995年3月23日生效。1997年至2023年先后修改了147次。此文本根据2023年3月3日修改的文本翻译而成。

目　录

第七编 国际私法

第六十一章 一般规定

第一千零八十四条 涉外民事法律关系适用法律的确定

1. 适用于有外国公民或外国法人参与的，或者有其他涉外因素的民事法律关系的法律的，应根据本法典、其他立法规范、哈萨克斯坦共和国缔结的国际条约和公认的国际惯例确定适用的法律。

2. 根据本条第一款无法确定适用的法律的，适用与涉外民事法律关系联系最密切的法律。

3. 本编关于确定法院适用法律的规则，同样适用于有权决定适用法律的其他机构。

第一千零八十五条 法律概念的定性（法律定性）

1. 法院对法律概念的定性（法律定性）应基于法院所在国法律的解释，法律另有规定的除外。

2. 法律概念不为法院地所在国法律所知的，或以其他名称或内容为其所知的，且无法根据法院地所在国法律加以解释的，外国法律可以适用于法律概念的定性（法律定性）。

第一千零八十六条 外国法律规范内容的查明

1. 在适用外国法律时，法院应根据有关外国的官方解释、适用惯例和理论确定其法律规范的内容。

2. 为了查明外国法律规范的内容，法院可以按照既定程序，请求哈萨克斯坦共和国司法部和哈萨克斯坦共和国其他主管机关和机构（包括在国外的主管机关和机构）提供合作和说明，或请专家参与。

3. 参与诉讼的民事主体有权提交文件，以证明他们为支持或反对某种主张而援引的外国法律规范的内容，并以其他方式协助法院确定这些规范的内容。

4. 根据本条采取措施，但没有在合理的时间内查明外国法律规范的内容的，应适用哈萨克斯坦共和国的法律。

第一千零八十七条　对本国和第三国法律的援引

1. 根据本编对任何外国法律的提及，均应视为对有关国家的实体法的提及，而非对有关国家的冲突法的提及，本编另有规定的除外。

2. 根据本法典第一千零九十四条，第一千零九十五条第二款、第三款、第五款和第一千零九十七条的规定，适用外国法律的，可以援引哈萨克斯坦共和国法律和第三国的法律。

第一千零八十八条　规避法律的后果

本法典规定的民事法律关系各方为规避本编关于法律适用规定的协议和其他行为无效。在这种情况下，将根据本编适用法律。

第一千零八十九条　对等性条款

1. 法院应适用外国法律，不受适用其法律的国家是否对类似的法律关系适用哈萨克斯坦共和国的法律的影响，哈萨克斯坦共和国法律规定在对等性基础上适用外国法律的除外。

2. 外国法律的适用取决于对等性的，应推定对等性存在，另有证明的除外。

第一千零九十条　公共秩序条款

1. 适用外国法律违反哈萨克斯坦共和国法律秩序的基本原则（哈萨克斯坦共和国公共秩序）的，则不予适用。在这种情况下，适用哈萨克斯坦共和国的法律。

2. 不得仅以有关国家的政治或经济制度与哈萨克斯坦共和国的政治或经济制度有别为依据，拒绝适用外国法律。

第一千零九十一条　强制性规范的适用

1. 本编规定不影响哈萨克斯坦共和国立法强制性规范的效力，由于规范本身的规定或其对保护民事法律关系主体的权利和法益的特殊意义，不论适用何种法律，这些规范都规制民事法律关系。

2. 根据本编规定适用其他国家的法律时，法院可以适用根据该国法律规范该民事法律关系，且与该民事法律关系联系密切的强制性规范。在这种情况下，法院应考虑这些规范的目的和性质，以及适用这些规范的后果。

第一千零九十二条　多元法律体系国家的法律适用

适用某国的法律，该国拥有若干领土或法律制度的，根据该国法律予以适用。

第一千零九十三条　反制措施

外国对在其境内的哈萨克斯坦共和国公民和法人的权利加以特别限制的，哈萨克斯坦共和国可以对该国的公民和法人采取反制措施。

第六十二章　法律冲突规则

第一节　人

第一千零九十四条　自然人属人法

1. 自然人的属人法为其国籍国的法律。自然人具有两个以上国籍的，属人法为与该自然人关系最密切的国家的法律。

2. 自然人无国籍的，属人法为其经常居住地所在国的法律。

3. 难民的属人法为其庇护国的法律。

第一千零九十五条　自然人的民事权利能力和民事行为能力

1. 自然人的民事权利能力适用其属人法。外国公民和无国籍人士在哈萨克斯坦共和国享有与哈萨克斯坦共和国公民同等的民事权利能力，哈萨克斯坦共和国法律或哈萨克斯坦共和国缔结的国际条约另有规定的除外。

2. 自然人的民事行为能力适用其属人法。

3. 自然人因交易和造成损害而产生义务的民事行为能力，适用交易地法律或造成损害而产生义务的发生地法律。

4. 自然人作为个体工商户的能力以及拥有相关权利和义务的能力，由该自然人注册个体工商户的国家的法律确定。没有注册国的，适用个体工商户主要经营活动所在国的法律。

5. 对自然人无民事行为能力或限制民事行为能力的认定适用法院所在国的法律。

第一千零九十六条　宣告自然人失踪或宣告自然人死亡

宣告自然人失踪或宣告自然人死亡适用法院所在国的法律。

第一千零九十七条　自然人的姓名

自然人拥有姓名权，对姓名的使用和保护的权利适用该自然人属人法，本法典第十五条第五款、第七款，第一千一百零三条和第一千一百二十条另有规定的除外。

第一千零九十八条　哈萨克斯坦共和国公民在哈萨克斯坦共和国境外的公民身份登记

居住在哈萨克斯坦共和国境外的哈萨克斯坦共和国公民的公民身份登记应在哈萨克斯坦共和国的领事机构进行，适用哈萨克斯坦共和国的法律。

第一千零九十九条　对外国机构签发的公民身份证明文件的承认

外国主管机构根据本国法律在哈萨克斯坦共和国境外签发的关于哈萨克斯坦共和国公民、外国公民和无国籍人士的民事证明文件，经认证后，在哈萨克斯坦共和国应被认定为有效。

第一千一百条　法人法

法人适用法人成立地的法律。

第一千一百零一条　法人的民事权利能力

1. 法人的民事权利能力适用法人成立地的法律。

2. 外国法人不得援引交易所在国法律不认可的规定以授权其机构或代表进行交易。

3. 根据外国法律不具有法人资格的外国组织的民事权利能力适用该组织成立地的法律。

对于此类组织的活动，如果适用哈萨克斯坦共和国的法律，则适用本法典关于规范属于商业组织的法人的活动的规定，哈萨克斯坦共和国法律另有规定的或义务实质另有要求的除外。

第一千一百零二条　国家参与的涉外民事法律关系

1. 本编适用于国家参与的涉外民事法律关系，哈萨克斯坦共和国法律另有规定的除外。

2. 在涉外民事法律关系中，哈萨克斯坦共和国对其本身及其财产享有另一国法院管辖豁免，包括司法豁免、诉讼保全豁免和司法强制执行豁免，以下另有规定的除外：

（1）哈萨克斯坦共和国缔结的国际条约；

（2）非哈萨克斯坦共和国缔结的国际条约的书面协定；

（3）通过法院作出声明或通过特定程序发出书面通知。

第二节　人　身　权

第一千一百零三条　人身权的保护

人身权适用导致人身权被请求保护的行为或其他情况发生地国家的法律。

第三节　交易、代理、诉讼时效

第一千一百零四条　交易形式

1. 交易形式遵循交易发生地法律。但符合哈萨克斯坦共和国法律的要求的，不得以不符合对交易形式的规定为由认定在国外进行的交易无效。

2. 对外经济贸易中至少有一个参与方为哈萨克斯坦共和国的法人或公民的，不论交易地点在何处，均应以书面形式进行。

3. 不动产交易形式适用该不动产所在国的法律，哈萨克斯坦共和国国家登记册上登记的不动产交易形式适用哈萨克斯坦共和国的法律。

第一千一百零五条　授权委托书

授权委托书的形式和期限适用授权委托书签发国的法律。但是，授权委托书内容符合哈萨克斯坦共和国法律的要求的，不能因不符合形式要求而认定其无效。

第一千一百零六条 诉讼时效

1. 诉讼时效适用规范涉外民事关系的国家的法律。

2. 如果涉外民事关系的参与者中至少有一个参与方为哈萨克斯坦共和国的法人或公民的，不适用诉讼时效的情形，适用哈萨克斯坦共和国的法律。

第四节 物 权

第一千一百零七条 物权法律适用的一般规定

1. 不动产和动产的所有权和其他物权适用财产所在国的法律，哈萨克斯坦共和国法律另有规定的除外。

2. 不论财产属于不动产还是动产，抑或是该财产的其他法律定性，均适用该财产所在国的法律。

第一千一百零八条 物权的设立和消灭

1. 物权的设立和消灭，适用导致物权设立或消灭的行为或其他情形发生时财产所在国的法律，哈萨克斯坦共和国法律另有规定的除外。

2. 对交易标的物的物权的设立和消灭适用交易所在国的法律，当事人另有约定的除外。

3. 因取得时效而产生的财产所有权适用时效结束时财产所在国的法律。

第一千一百零九条 运输工具和其他应记入国家登记册财产的物权

运输工具和其他应记入国家登记册财产的物权，适用运输工具或该财产登记地所在国的法律。

第一千一百一十条 运输中的动产物权

交易途中动产所有权和其他物权适用该动产运输出发国的法律，当事人另有约定的除外。

第一千一百一十一条 对物权的保护

1. 对所有权和其他物权的保护可以根据申请人的选择适用财产所在国的法律或法院所在国的法律。

2. 对不动产所有权和其他物权的保护适用不动产所在国的法律。在哈萨克斯坦共和国国家登记册上登记的财产适用哈萨克斯坦共和国的法律。

第五节 合同义务

第一千一百一十二条 合同当事人以协议选择适用法律

1. 合同当事人以协议选择适用国家的法律，哈萨克斯坦共和国法律另有规定的除外。

2. 合同当事人就选择适用的法律达成协议的，须明示或从合同条款和相关事实中直接推断。

3. 合同当事人可以协议选择整个合同及其各部分适用的法律。

4. 合同当事人可以在订立合同时或订立合同后的任何时候协议选择适用的法律。当事人还可以在任何时候协议修改合同适用的法律。

第一千一百一十三条 合同当事人未就适用法律达成协议时的法律适用

1. 合同当事人未就适用法律达成协议的，合同适用以下当事人的成立地、居住地或主要营业地的法律：

（1）销售合同中的卖方；

（2）赠与合同中的赠与人；

（3）租赁合同中的出租人；

（4）无偿使用财产合同中的出借人；

（5）承包合同中的承包人；

（6）运输合同中的承运人；

（7）运输代理合同中的运送代理人；

（8）贷款合同或其他信贷合同中的债权人；

（9）委托代理合同中的代理人；

（10）代理合同中的代理人；

（11）保管合同中的保管人；

（12）保险合同中的保险人；

（13）担保合同中的担保人；

（14）质押合同中的质押人；

（15）独家使用许可合同中的许可人。

2. 不动产合同和财产信托管理合同规定的权利和义务适用财产所在国的法律，哈萨克斯坦共和国国家登记册上登记的财产适用哈萨克斯坦共和国的法律。

3. 不论是否符合本条第一款规定的情形，合同当事人未就适用法律达成协议的，适用：

（1）联合经营合同和建筑合同适用活动进行地或产生合同规定结果地所在国的法律；

（2）根据竞标（招标、拍卖）或交易所结果订立的合同适用举行竞标地或交易所所在国的法律。

4. 对于本条第一款至第三款未列举的合同，合同当事人未就适用法律达成协议的，适用对合同内容有决定性作用的履约方的成立地、居住地或主要营业地的法律。无法确定对合同内容有决定性作用的履约行为的，适用与合同关系最密切的国家的法律。

5. 关于接受合同的履行，应考虑接受地的法律，当事人另有约定的除外。

6. 如果合同使用国际公认的贸易术语，应视为合同当事人已同意对其关系适用有关贸易术语的商业惯例，合同另有约定的除外。

第一千一百一十四条　关于涉外法人成立合同的法律适用

1. 涉外法人成立合同适用法人成立地国的法律。

2. 本条适用的关系包括法人的成立和终止、股份的转让以及法人参与者之间与其相互权利和义务相关的其他关系（包括由嗣后协商确定的关系）。

3. 本条规定适用于通过其他成立文件确定的涉外法人参与者相互权利和义务的情况。

第一千一百一十五条　适用法律的范围

1. 根据本节规定适用于合同的法律的范围包括：

（1）合同的解释；

（2）当事人的权利和义务；

（3）合同的履行；

（4）不履行或不当履行合同的后果；

（5）合同的终止；

（6）合同无效的情形和后果；

（7）与合同有关的债权转让和债务转移。

2. 关于履约的方式和程序，以及在不当履行的情况下应采取的措施，除确定适用的法律外，还应当考虑履约行为发生国的法律。

第六节　非合同义务

第一千一百一十六条　单边合同产生的义务

单边合同（悬赏广告、无因管理等）适用交易地的法律。完成单边合同的地点的确定适用哈萨克斯坦共和国的法律。

第一千一百一十七条　因损害而产生的责任

1. 因损害而产生的责任下的权利和义务适用损害赔偿要求依据的行为或其他情况发生地的法律。

2. 当事人是同一国家的公民或法人的，因在国外的损害而产生的责任下的权利和义务适用该国的法律。

3. 损害赔偿要求依据的行为或其他情况不违反哈萨克斯坦共和国法律的，不适用外国法律。

第一千一百一十八条　对消费者造成损害的赔偿责任

消费者因购买商品或接受服务而遭受损失的，由消费者选择赔偿责任适用：

（1）消费者居住地所在国的法律；

（2）生产商或服务提供者的居住地或所在地国家的法律；

（3）消费者购买商品或向其提供服务的国家的法律。

第一千一百一十九条　不当得利

1. 因不当得利而产生的责任，适用获利地所在国的法律。

2. 因获得或保存财产的依据消失而产生不当得利的，根据该依据所属国的法律确定适用的法律。

3. 不当得利的概念的确定适用哈萨克斯坦共和国的法律。

第七节 智力成果

第一千一百二十条 知识产权

1. 知识产权适用被请求保护该权利的国家的法律。

2. 以知识产权为标的的合同根据本章关于合同义务的规定适用法律。

第八节 继承法

第一千一百二十一条 继承关系

继承关系适用立遗嘱人最后的经常居住地所在国的法律，本法典第一千一百二十二条和第一千一百二十三条有其他规定的除外，立遗嘱人在遗嘱中选择其作为公民所属国的法律的除外。

第一千一百二十二条 民事主体订立和撤销遗嘱的能力，遗嘱的形式及其撤销

民事主体订立和撤销遗嘱的能力，以及遗嘱的形式及其撤销，适用立遗嘱人在起草遗嘱时经常居住地所在国的法律，立遗嘱人在遗嘱中选择其作为公民所属国的法律的除外。

但遗嘱内容符合起草地的法律或哈萨克斯坦共和国法律的要求的，遗嘱的订立或撤销不能因不符合形式要求而被视为无效。

第一千一百二十三条 不动产和须在国家登记册登记的财产的继承

不动产的继承适用财产所在国的法律，在哈萨克斯坦共和国国家登记册上登记的财产适用哈萨克斯坦共和国的法律。就该财产民事主体订立和撤销遗嘱的能力，遗嘱的形式及其撤销适用法律一致。

第九节 监护

第一千一百二十四条 监护

1. 对未成年人、无行为能力的成年人或限制行为能力的成年人确立的监护，根据被确立或取消监护权人的属人法确立和取消。

2. 监护人对监护义务的承担适用被指定监护人的属人法。

3. 监护人与被监护人之间的法律关系适用指定监护人的机构所在国的法律。但被监护人居住在哈萨克斯坦共和国的，在对被监护人更有利的情况下，适用哈萨克斯坦共和国的法律。

4. 对居住在哈萨克斯坦共和国境外的哈萨克斯坦共和国公民确立的监护，对监护的确立没有法定异议或得到哈萨克斯坦共和国有关领事机构的承认的，在哈萨克斯坦共和国应被认定为有效。

第二部分 《吉尔吉斯共和国民法典》国际私法编

《吉尔吉斯共和国民法典》国际私法部分1998年1月5日经吉尔吉斯共和国议会立法会议通过，1998年3月1日生效。1999年至2023年先后修改了34次。此文本根据2023年3月23日修改的文本翻译而成。

目　录

第七编　国际私法适用于民事法律关系的规则

第六十四章　一 般 规 定

第一千一百六十七条　涉外民事法律关系适用法律的确定

1. 适用于有外国公民或外国法人参与的，或者有其他涉外因素的民事法律关系的法律的，应根据本法典、其他立法规范、国际条约和公认的国际惯例以及基于合同当事人的约定确定适用的法律。

2. 当事人就选择适用的法律达成协议的，必须明示或从合同条款和相关事实中直接推断。

3. 根据本条第一款无法确定适用的法律的，适用与涉外民事法律关系联系最密切的法律。

4. 不得仅以外国法律具有公法性质为由对其适用加以限制。

第一千一百六十八条　法律定性

1. 法院或其他国家机关对法律概念的法律性质的确认应基于作为争议审理地所在国吉尔吉斯共和国的法律的解释，法律另有规定的除外。

2. 如果法律概念不被作为争议所在国的吉尔吉斯共和国法律所知，或以不同的名称或内容所知的，并且不能根据吉尔吉斯共和国法律通过解释确定，那么外国的法律可以适用于法律定性。

第一千一百六十九条　外国法律规范内容的查明

1. 在适用外国法律时，法院应根据有关外国的官方解释、适用惯例和理论确定其法律规范的内容。

2. 为了查明外国法律规范的内容，法院或其他国家机关可按照既定程序，请求司法部和其他国家主管机关和机构，包括在国外的主管机关和机构提供合作和说明，或请专家参与。

3. 参与诉讼的民事主体有权提交文件，以证明他们为支持或反对某种主张而援引的外国法律规范的内容，并以其他方式协助法院或其他国家机关确定这些规范的内容。

4. 根据本条采取措施，但没有在合理的时间内查明外国法律规范的内容的，应适用吉尔吉斯共和国的法律。

第一千一百七十条 反致和对第三国法律的参考

1. 根据本编对任何外国法律的提及，均应视为对有关国家的实体法的提及，而非对有关国家的冲突法的提及，本编另有规定的除外。

2. 根据本法典第一千一百七十七条，第一千一百七十八条第一款、第三款、第五款，第一千一百八十条和第一千一百八十三条的规定，适用外国法律的，可以援引吉尔吉斯共和国的法律和第三国的法律。

第一千一百七十一条 规避法律的后果

本法典规定的民事法律关系各方为规避本编关于法律适用的规定，使有关法律关系适用其他法律的协议和其他行为无效。在这种情况下，将根据本编适用法律。

第一千一百七十二条 对等性条款

1. 法院或其他国家机关应适用外国法律，不受适用其法律的国家是否对类似的法律关系适用吉尔吉斯共和国的法律的影响，吉尔吉斯共和国法律规定在对等性基础上适用外国法律的除外。

2. 外国法律的适用取决于对等性的，应推定对等性存在，另有证明的除外。

第一千一百七十三条 公共秩序条款

1. 适用外国法律违反吉尔吉斯共和国法律秩序的基本原则（公共秩序）的，则不予适用。在这种情况下，适用吉尔吉斯共和国的法律。

2. 不得仅以有关国家的法律、政治或经济制度与吉尔吉斯共和国的法律、政治或经济制度有别为依据，拒绝适用外国法律。

第一千一百七十四条　强制性规范的适用

1. 本编规定不影响吉尔吉斯共和国立法强制性规范的效力，这些规范对各自关系的规范与适用的法律无关。

2. 根据本编规定适用其他国家的法律时，法院可以适用根据该国法律规范该民事法律关系，且与该民事法律关系联系密切的强制性规范。在这种情况下，法院应考虑这些规范的目的和性质，以及适用这些规范的后果。

第一千一百七十五条　多元法律体系国家的法律适用

适用某国的法律，该国拥有若干领土或法律制度的，根据该国法律予以适用。

第一千一百七十六条　反制措施

外国对在其境内的吉尔吉斯共和国公民和法人的权利加以特别限制的，吉尔吉斯共和国政府可以对该国的公民和法人采取反制措施。

第六十五章　法律冲突规则

第一节　人

第一千一百七十七条　自然人属人法

1. 自然人的属人法为其国籍国的法律。自然人具有两个以上国籍的，适用与该自然人关系最密切的国家的法律。

2. 自然人无国籍的，属人法为其经常居住地所在国的法律。

3. 难民的属人法为其庇护国的法律。

第一千一百七十八条　自然人的民事权利能力和民事行为能力

1. 自然人的民事权利能力和民事行为能力适用其属人法。

2. 外国公民和无国籍人士在吉尔吉斯共和国享有与吉尔吉斯共和国公民同等的民事权利能力，吉尔吉斯共和国法律或国际条约另有规定的除外。

3. 自然人在损害引起的交易和义务方面的民事行为能力，根据交易发生地的法律或损害引起的义务发生地的法律确定。

4. 自然人作为个体工商户的能力以及拥有相关权利和义务的能力，由该自然人注册个体工商户的国家的法律确定。没有注册国的，适用个体工商户主要经营活动所在国的法律。

5. 对自然人无民事行为能力或限制民事行为能力的认定适用法院所在国的法律。

第一千一百七十九条　宣告自然人失踪或宣告自然人死亡

宣告自然人失踪或宣告自然人死亡适用法院所在国的法律。

第一千一百八十条　自然人的姓名

自然人拥有姓名权，对姓名的使用和保护的权利适用该自然人属人法，本法典第二条第二款、第五十四条第四款、第一千一百八十八条、第一千一百八十九条另有规定的除外。

第一千一百八十一条　吉尔吉斯共和国公民在吉尔吉斯共和国境外的公民身份登记

居住在吉尔吉斯共和国境外的吉尔吉斯共和国公民的公民身份登记应在吉尔吉斯共和国的领事机构进行，适用吉尔吉斯共和国的法律。

第一千一百八十二条　对外国机构签发的公民身份证明文件的承认

外国主管机构根据本国法律在吉尔吉斯共和国境外签发的关于吉尔吉斯共和国公民、外国公民和无国籍人士的民事证明文件，经认证后，在吉尔吉斯共和国应被认定为有效。

第一千一百八十三条　监护

1. 对无行为能力或限制行为能力的子女确立的监护，根据法院所在国的法律确定和取消。

2. 监护人对监护义务的承担适用被指定监护人属人法。

3. 监护人与被监护人之间的法律关系适用指定监护人的机构所在国的法律。但被监护人居住在吉尔吉斯共和国的，在对被监护人更有利的情况下，适用吉尔吉斯共和国的法律。

4. 对居住在吉尔吉斯共和国境外的吉尔吉斯共和国公民确立的监护，对监护的确立没有法定异议或得到吉尔吉斯共和国有关领事机构的承认的，在吉尔吉斯共和国应被认定为有效。

第一千一百八十四条　法人法

法人适用法人成立地的法律。

第一千一百八十五条　法人的民事权利能力

1. 法人的民事权利能力适用法人成立地的法律。

2. 外国法人不得援引交易所在国法律不认可的规定以授权其机构或代表进行交易。

第一千一百八十六条　外国法人的活动在吉尔吉斯共和国的国民待遇

外国法人在吉尔吉斯共和国开展由民事立法规范的商业活动和其他活动，吉尔吉斯共和国法律对外国法人另有规定的除外。

第一千一百八十七条　国家参与的涉外民事法律关系

本编适用于国家参与的涉外民事法律关系，法律另有规定的除外。

第二节　人身权、知识产权

第一千一百八十八条　对人身权的保护

人身权适用导致人身权被请求保护的行为或其他情况发生地的法律。

第一千一百八十九条　知识产权

1. 知识产权适用被请求保护该权利的国家的法律。

2. 以知识产权为标的的合同根据本章关于合同义务的规定适用法律。

第三节　交易、代理、诉讼时效

第一千一百九十条　交易形式

1. 交易形式遵循交易发生地的法律。但符合吉尔吉斯共和国法律的要求的，不得以不符合对交易形式的规定为由认定在国外进行的交易无效。

2. 对外经济贸易中至少有一个参与方为吉尔吉斯共和国的法人或公民的，不论交易地点在何处，均应以书面形式进行。

3. 不动产交易形式适用该不动产所在国的法律，吉尔吉斯共和国国家登记册上登记的不动产交易形式适用吉尔吉斯共和国的法律。

第一千一百九十一条 授权委托书

授权委托书的形式和期限适用授权委托书签发国的法律。但是，授权委托书内容符合吉尔吉斯共和国法律的要求的，不能因不符合形式要求而认定其无效。

第一千一百九十二条 诉讼时效

1. 诉讼时效适用规范涉外民事关系的国家的法律。

2. 如果涉外民事关系的参与者中至少有一个参与方为吉尔吉斯共和国的法人或公民的，不适用诉讼时效的情形，适用吉尔吉斯共和国的法律。

第四节 物 权

第一千一百九十三条 物权法律适用的一般规定

1. 不动产和动产的所有权和其他物权适用财产所在国的法律，法律另有规定的除外。

2. 不论财产属于不动产还是动产，抑或是该财产的其他法律定性，均适用该财产所在国的法律。

第一千一百九十四条 物权的设立和消灭

1. 物权的设立和消灭，适用导致物权设立或消灭的行为或其他情形发生时财产所在国的法律，吉尔吉斯共和国法律另有规定的除外。

2. 对交易标的物的物权的设立和消灭适用交易所在国的法律，当事人另有约定的除外。

3. 因取得时效而产生的财产所有权适用时效结束时财产所在国的法律。

第一千一百九十五条 运输工具和其他应记入国家登记册财产的物权

运输工具和其他应记入国家登记册财产的物权，适用运输工具或该财产登记地所在国的法律。

第一千一百九十六条 运输中动产物权

交易途中动产所有权和其他物权适用该动产运输出发国的法律，当事人另有约定的除外。

第一千一百九十七条　对物权的保护

1. 对所有权和其他物权的保护可以根据申请人的选择适用财产所在国的法律或法院所在国的法律。

2. 对不动产所有权和其他物权的保护适用不动产所在国的法律。在吉尔吉斯共和国国家登记册上登记的财产适用吉尔吉斯共和国的法律。

第五节　合 同 义 务

第一千一百九十八条　合同当事人协议选择适用法律

1. 合同适用当事人协议选择适用的国家的法律，法律另有规定的除外。

2. 合同当事人可以协议选择整个合同及其各部分适用的法律。

3. 合同当事人可以在订立合同时或订立合同后的任何时候协议选择适用的法律。当事人还可以在任何时候协议修改合同适用的法律。

第一千一百九十九条　合同当事人未就适用法律达成协议时的法律适用

1. 合同当事人未就适用法律达成协议的，合同适用以下当事人的成立地、居住地或主要营业地的法律：

（1）销售合同中的卖方；

（2）赠与合同中的赠与人；

（3）租赁合同中的出租人；

（4）无偿使用财产合同中的出借人；

（5）承包合同中的承包人；

（6）运输合同中的承运人；

（7）运输代理合同中的运送代理人；

（8）贷款合同或其他信贷合同中的债权人；

（9）委托代理合同中的代理人；

（10）代理合同中的代理人；

（11）保管合同中的保管人；

（12）保险合同中的保险人；

（13）担保合同中的担保人；

(14) 质押合同中的质押人;

(15) 独家使用许可合同中的许可人。

2. 不论是否符合本条第一款规定的情形，合同当事人未就适用法律达成协议的，适用:

(1) 不动产合同适用财产所在国的法律;

(2) 联合经营合同和建筑合同适用活动进行地或产生合同规定结果地所在国的法律;

(3) 拍卖、竞标或交易所订立的合同适用进行拍卖、竞标的国家或交易所所在国的法律。

3. 对于本条第一款、第二款未列举的合同，合同当事人未就适用法律达成协议的，适用对合同内容有决定性作用的履约方的成立地、居住地或主要营业地的法律。无法确定对合同内容有决定性作用的履约行为的，适用与合同关系最密切的国家的法律。

第一千二百条 关于涉外法人成立合同的法律适用

涉外法人成立合同适用法人成立地国的法律。

第一千二百零一条 适用法律的范围

1. 根据本节规定适用于合同的法律的范围包括:

(1) 合同的解释;

(2) 当事人的权利和义务;

(3) 合同的履行;

(4) 不履行或不当履行合同的后果;

(5) 合同的终止;

(6) 合同无效或无效的后果;

(7) 与合同有关的债权转让和债务转移。

2. 关于履约的方式和程序，以及在不当履行的情况下应采取的措施，除确定适用的法律外，还应当考虑履约行为发生国的法律。

第六节 非合同义务

第一千二百零二条 单边合同产生的义务

本编第四节的规定适用于单边合同（悬赏广告、无因管理等）产生的义务。

第一千二百零三条 因损害而产生的责任

1. 因损害而产生的责任下的权利和义务适用损害赔偿要求依据的行为或其他情况发生地的法律。

2. 当事人是同一国家的公民或法人的，因在国外的损害而产生的责任下的权利和义务适用该国的法律。

3. 损害赔偿要求依据的行为或其他情况不违反吉尔吉斯共和国法律的，不适用外国法律。

第一千二百零四条 对消费者造成损害的赔偿责任

消费者因购买商品、接受工作成果或服务而遭受损失的，由消费者选择赔偿责任适用：

（1）消费者居住地所在国的法律；

（2）生产商或服务提供者的居住地或所在地国家的法律；

（3）消费者购买商品、接受工作成果或服务的国家的法律。

第一千二百零五条 不当得利

1. 因不当得利而产生的责任，适用获利地所在国的法律。

2. 因获得或保存财产的依据消失而产生不当得利的，根据该依据所属国的法律确定适用的法律。不当得利的概念的确定适用吉尔吉斯共和国的法律。

第七节 继 承 法

第一千二百零六条 继承关系

继承关系适用立遗嘱人最后的经常居住地所在国的法律，本法典第一千二百零七条和第一千二百零八条有其他规定的除外，立遗嘱人在遗嘱中选择其作为公民所属国的法律的除外。

第一千二百零七条　民事主体订立和撤销遗嘱的能力，遗嘱的形式及其撤销

民事主体订立和撤销遗嘱的能力，以及遗嘱的形式及其撤销，适用立遗嘱人在起草遗嘱时经常居住地所在国的法律，立遗嘱人在遗嘱中选择其作为公民所属国的法律的除外。

但遗嘱内容符合起草地的法律或吉尔吉斯共和国法律的要求的，遗嘱的订立或撤销不能因不符合形式要求而被视为无效。

第一千二百零八条　不动产和应记入国家登记册财产的继承

不动产的继承适用财产所在国的法律，在吉尔吉斯共和国国家登记册上登记的财产适用吉尔吉斯共和国的法律。就该财产民事主体订立和撤销遗嘱的能力，遗嘱的形式及其撤销适用法律一致。

第三部分 《塔吉克斯坦共和国民法典》国际私法编

《塔吉克斯坦共和国民法典》国际私法部分2022年11月23日经塔吉克斯坦共和国下议院第915号决议通过，2022年12月16日经塔吉克斯坦共和国上议院第319号决议批准，2023年7月1日生效。同时，于2005年3月1日通过的原《塔吉克斯坦共和国民法典》国际私法部分失效，其于2005年至2023年先后修改了2次。此文本根据2023年7月1日生效的文本翻译而成。

目　录

第七编 国际私法

第六十三章 一般规定

第一千一百九十一条 涉外民事法律关系适用法律的确定

1. 适用于有外国公民或外国法人参与的，或者有其他涉外因素的民事法律关系的法律的，应根据本法典、其他立法规范、塔吉克斯坦共和国承认的国际法和国际惯例以及基于合同当事人的约定确定适用的法律。

2. 根据本条第一款无法确定适用的法律的，适用与涉外民事法律关系联系最密切的法律。

3. 本编关于确定法院适用法律的规则，同样适用于有权决定适用法律的其他机构。

第一千一百九十二条 法律概念的定性（法律定性）

1. 法院对法律概念的定性（法律定性）应基于法院或其他授权机构所在国法律的解释，法律另有规定的除外。

2. 法律概念不为塔吉克斯坦共和国法律所知的，或以其他名称或内容为其所知，但无法根据塔吉克斯坦共和国法律加以解释的，外国法律可以适用于法律概念的定性（法律定性）。

第一千一百九十三条 外国法律规范内容的查明

1. 在适用外国法律时，法院或其他授权机构应根据有关外国的官方解释、适用惯例和理论确定其法律规范的内容。

2. 为了查明外国法律规范的内容，法院可以按照既定程序，请求塔吉克斯坦共和国司法机关和塔吉克斯坦共和国其他主管机关和机构（包括在国外的主管机关和机构）提供合作和说明，或请专家参与。

3. 参与诉讼的民事主体有权提交文件，以证明他们为支持或反对某种主张而援引的外国法律规范的内容，并以其他方式协助法院确定这些规范的内容。

关于当事人与商业活动有关的要求，法院可以要求当事人承担对外国法律规范内容的举证责任。

4. 根据本条采取措施，但无法查明外国法律规范的内容的，应适用塔吉克斯坦共和国的法律。

第一千一百九十四条　对本国和第三国法律的援引

1. 除本条第二款规定的情况外，根据本编对任何外国法律的提及，均应视为对有关国家的实体法的提及。

2. 根据本法典第一千二百条、第一千二百零一条、第一千二百零三条和第一千二百三十四条的规定，适用外国法律的，可以援引塔吉克斯坦共和国法律和第三国的法律。

第一千一百九十五条　多元法律体系国家的法律适用

适用某国的法律，该国拥有若干法律制度的，根据该国法律予以适用。根据该国法律无法确定适用的法律的，适用与涉外民事法律关系联系最密切的法律。

第一千一百九十六条　对等性条款

1. 法院应适用外国法律，不受适用其法律的国家是否对类似的法律关系适用塔吉克斯坦共和国的法律的影响，塔吉克斯坦共和国法律规定在对等性基础上适用外国法律的除外。

2. 外国法律的适用取决于对等性的，应推定对等性存在，另有证明的除外。

第一千一百九十七条　公共秩序条款

1. 适用外国法律违反塔吉克斯坦共和国法律秩序的基本原则（塔吉克斯坦共和国公共秩序）的，则不予适用。在这种情况下，适用塔吉克斯坦共和国的法律。

2. 不得仅以有关国家的法律、政治或经济制度与塔吉克斯坦共和国的法律、政治或经济制度有别为依据，拒绝适用外国法律。

第一千一百九十八条 强制性规范的适用

1. 本编规定不影响塔吉克斯坦共和国立法强制性规范的效力，由于规范本身的规定或其特殊意义，包括保护民事法律关系主体的权利和法益，不论适用何种法律，这些规范都规制民事法律关系。

2. 根据本编规定适用其他国家的法律时，法院可以适用根据该国法律规范该民事法律关系，且与该民事法律关系联系密切的强制性规范。在这种情况下，法院应考虑这些规范的目的和性质，以及适用这些规范的后果。

第一千一百九十九条 反制措施

外国对在其境内的塔吉克斯坦共和国公民和法人的财产权和人身权加以特别限制的，塔吉克斯坦共和国政府可以对该国的公民和法人采取反制措施。

第六十四章 法律冲突规则

第一节 民 事 主 体

第一千二百条 自然人属人法

1. 自然人的属人法为其国籍国法律。自然人具有两个以上国籍的，适用该自然人主要居住地所在国的法律。

自然人具有塔吉克斯坦共和国的国籍和外国国籍的，属人法为塔吉克斯坦共和国的法律。

2. 自然人无国籍的，属人法为其主要居住地所在国的法律。

3. 难民的属人法为其庇护国的法律。

第一千二百零一条 自然人的民事权利能力和民事行为能力

1. 自然人的民事权利能力适用其属人法。

2. 自然人的民事行为能力适用其属人法。

3. 自然人因交易和造成损害而产生义务的民事行为能力，适用交易地法律或造成损害而产生义务的发生地法律。

4. 自然人作为个体工商户的能力以及拥有相关权利和义务的能力，由该自然人注册个体工商户的国家的法律确定。没有注册国的，适用个体工商户主要经营活动所在国的法律。

5. 自然人根据属人法无民事行为能力，根据交易地的法律具有民事行为能力的，不得认定其缺乏民事行为能力，能够证明对方知道或应当知道其无民事行为能力的除外。

6. 认定自然人在塔吉克斯坦共和国无民事行为能力或限制民事行为能力的，适用塔吉克斯坦共和国的法律。

第一千二百零二条　宣告自然人失踪或宣告自然人死亡

宣告自然人失踪或宣告自然人死亡适用塔吉克斯坦共和国的法律。

第一千二百零三条　自然人的姓名

自然人拥有姓名权，对姓名的使用和保护的权利适用该自然人属人法，本法典或其他法律另有规定的除外。

第一千二百零四条　塔吉克斯坦共和国公民在塔吉克斯坦共和国境外的公民身份登记

居住在塔吉克斯坦共和国境外的塔吉克斯坦共和国公民的公民身份登记应在塔吉克斯坦共和国的领事机构进行，适用塔吉克斯坦共和国的法律。

第一千二百零五条　对外国机构签发的公民身份证明文件的承认

外国主管机构根据本国法律在塔吉克斯坦共和国境外签发的关于塔吉克斯坦共和国公民、外国公民和无国籍人士的民事证明文件，经认证后，在塔吉克斯坦共和国应被认定为有效，塔吉克斯坦共和国承认的国际法律另有规定的除外。

第一千二百零六条　法人属人法

法人的属人法为法人成立地的法律。

第一千二百零七条　法人的民事权利能力和民事行为能力

1. 法人的民事权利能力和民事行为能力适用法人属人法。

2. 外国法人不得援引交易所在国法律不认可的规定以授权其机构或代表

进行交易。

3. 根据外国法律不具有法人资格的外国组织的民事权利能力和民事行为能力适用该组织成立地的法律。

如果适用塔吉克斯坦共和国的法律，则本法典规定适用于此类组织的活动，规范作为商业组织的法人的活动，塔吉克斯坦共和国的法律另有规定或义务实质另有要求的除外。

第一千二百零八条 国家参与的涉外民事法律关系

本编适用于国家参与的涉外民事法律关系，塔吉克斯坦共和国法律另有规定的除外。

第二节 人身权及其保护

第一千二百零九条 人身权及其保护

1. 人身权应根据民事主体的属人法行使，法律和塔吉克斯坦共和国承认的国际条约另有规定的除外。

2. 人身权适用导致人身权被请求保护的行为或其他情况发生地的法律。

第三节 交易、代理、诉讼时效

第一千二百一十条 交易形式

1. 交易形式遵循交易发生地的法律。但符合塔吉克斯坦共和国法律的要求的，不得以不符合对交易形式的规定为由认定在国外进行的交易无效。

2. 对外经济贸易中至少有一个参与方为塔吉克斯坦共和国的法人或公民的，不论交易地在何处，均应以书面形式进行。

3. 不动产交易形式适用该不动产所在国的法律，不动产以及在塔吉克斯坦共和国国家登记册上登记的车辆和其他财产的交易形式适用塔吉克斯坦共和国的法律。

第一千二百一十一条 授权委托书

授权委托书的形式和期限适用授权委托书签发国的法律。但是，授权委托书内容符合塔吉克斯坦共和国法律的要求的，不能因不符合形式要求而认定其无效。

第一千二百一十二条　诉讼时效

1. 诉讼时效适用规范涉外民事关系的国家的法律。

2. 如果涉外民事关系的参与者中至少有一个参与方为塔吉克斯坦共和国的法人或公民的，不适用诉讼时效的情形，适用塔吉克斯坦共和国的法律。

第四节　物　　权

第一千二百一十三条　物权法律适用的一般规定

1. 不动产和动产的所有权和其他物权的内容及其行使适用财产所在国的法律，塔吉克斯坦共和国法律另有规定的除外。

2. 不论财产属于不动产还是动产，抑或是该财产的其他法律定性，均适用该财产所在国的法律。

第一千二百一十四条　物权的设立和消灭

1. 物权的设立和消灭，适用导致物权设立或消灭的行为或其他情形发生时财产所在国的法律，塔吉克斯坦共和国法律另有规定的除外。

2. 对交易标的物的物权的设立和消灭适用交易所在国的法律，当事人另有约定的除外。

3. 因取得时效而产生的财产所有权适用时效结束时财产所在国的法律。

第一千二百一十五条　运输工具和其他应记入国家登记册财产的物权

运输工具和其他应记入国家登记册财产的物权，适用运输工具或该财产登记地所在国的法律。

第一千二百一十六条　运输中动产物权

交易途中动产所有权和其他物权适用该动产运输出发国的法律，当事人另有约定的除外。

第一千二百一十七条　对物权的保护

1. 对所有权和其他物权的保护适用财产所在国的法律或法院所在国的

法律。

2. 对不动产所有权和其他物权的保护适用不动产所在国的法律。在塔吉克斯坦共和国国家登记册上登记的财产适用塔吉克斯坦共和国的法律。

第五节 合同义务

第一千二百一十八条　合同当事人协议选择适用法律

1. 合同关系适用当事人协议选择适用的国家的法律，塔吉克斯坦共和国法律另有规定的除外。

2. 合同当事人就选择适用的法律达成协议的，须明示或从合同条款和相关事实中直接推断。

3. 合同当事人可以协议选择整个合同及其各部分适用的法律。

4. 合同当事人可以在订立合同时或订立合同后的任何时候协议选择适用的法律。当事人还可以在任何时候协议修改合同适用的法律。

5. 合同当事人在合同订立后选择适用法律具有追溯效力，自合同订立之日起生效。

第一千二百一十九条　合同当事人未就适用法律达成协议时的法律适用

1. 合同当事人未就适用法律达成协议的，合同适用以下当事人的成立地、居住地或主要营业地的法律：

（1）销售合同中的卖方；

（2）赠与合同中的赠与人；

（3）租赁合同中的出租人；

（4）无偿使用财产合同中的出借人；

（5）承包合同中的承包人；

（6）运输合同中的承运人；

（7）运输代理合同中的运送代理人；

（8）贷款合同或其他信贷合同中的债权人；

（9）委托代理合同中的代理人；

（10）代理合同中的代理人；

（11）保管合同中的保管人；

（12）保险合同中的保险人；

（13）担保合同中的担保人；

（14）质押合同中的质押人；

（15）独家使用许可合同中的许可人；

（16）金融债权转让合同中的金融代理人；

（17）银行存款协议和银行账户协议中的银行方；

（18）中介合同中的中介人；

（19）商业特许经营合同中的权利人。

2. 当事人未就适用法律达成协议的，则适用与合同关系最密切联系国家的法律。合同被视为与当事人履行对合同内容有决定意义的居住地或者主要活动地的国家法律有最密切联系，法律或合同条款另有规定的除外。

3. 不动产合同和财产信托管理合同规定的权利和义务适用财产所在国的法律，塔吉克斯坦共和国国家登记册上登记的财产适用塔吉克斯坦共和国的法律。

4. 不论是否符合本条第一款规定的情形，合同当事人未就适用法律达成协议的，适用：

（1）联合经营（普通合伙企业）合同适用合伙企业主要经营活动所在国的法律；

（2）联合经营合同和建筑合同适用活动进行地或产生合同规定结果地所在国的法律；

（3）根据竞标（招标、拍卖）或交易所结果订立的合同适用举行竞标（招标、拍卖）地或交易所所在国的法律。

5. 对于本条第一款至第三款未列举的合同，合同当事人未就适用法律达成协议的，适用对合同内容有决定性作用的履约方的成立地、居住地或主要营业地的法律。无法确定对合同内容有决定性作用的履约行为的，适用与合同关系最密切的国家的法律。

6. 关于接受合同的履行，应考虑接受地的法律，当事人另有约定的除外。

7. 如果合同使用国际公认的贸易术语，应视为合同当事人已同意对其关系适用有关贸易术语的商业惯例，合同另有约定的除外。

第一千二百二十条 关于涉外法人成立合同的法律适用

1. 涉外法人成立合同适用法人成立地的法律。

2. 本条适用的关系包括法人的成立和终止、股份的转让以及法人参与者之间与其相互权利和义务相关的其他关系（包括由嗣后协商确定的关系）。

3. 本条规定适用于通过其他成立文件确定的涉外法人参与者相互权利和义务的情况。

第一千二百二十一条 债权转让和债务转移的法律适用

1. 根据本法典第一千二百一十九条，确定原债权人与新债权人之间关于转让债权的协议以及原债务人与新债务人之间关于转移债务的协议适用的法律。

2. 新债权人与债务人之间是否可以转让债权，新债权人向债务人享有债权的条件以及债务人履行债务的条件，适用被转让债权适用的法律。

3. 原债务人和新债务人之间债务转移的可接受性、转移条件，以及适当履行应根据适用于作为债务标的债务转移的国家法律确定。

第一千二百二十二条 适用法律的范围

1. 根据本节规定适用于合同的法律的范围包括：

（1）合同的解释；

（2）当事人的权利和义务；

（3）合同的履行；

（4）不履行或不当履行合同的后果；

（5）合同的终止；

（6）合同无效的情形和后果；

（7）与合同有关的债权转让和债务转移。

2. 关于履约的方式和程序，以及在不当履行的情况下应采取的措施，除确定适用的法律外，还应当考虑履约行为发生国的法律。

第一千二百二十三条　单边合同产生的义务

1. 单边合同产生的义务的法律适用应由单边合同义务承担方居住地或主要营业地所在国的法律确认，法律另有规定的除外。

2. 授权委托书的期限和终止授权委托书的理由适用授权委托书签发国的法律。

第一千二百二十四条　利息支付关系的法律适用

货币债务的收费依据、计算条件和方法以及利息数额，适用与债务有关的国家的法律。

第六节　非合同义务

第一千二百二十五条　因损害而产生的责任

1. 因损害而产生的责任下的权利和义务适用损害赔偿要求依据的行为或其他情况发生地的法律。

2. 当事人是同一国家的公民或法人，或在同一国家有居留权的，因在国外的损害而产生的责任下的权利和义务适用该国的法律。

3. 在造成损害的行为或其他情况发生后，当事人可协商确定因损害产生的责任适用法院地法。

4. 损害赔偿要求依据的行为或其他情况不违反塔吉克斯坦共和国法律的，不适用外国法律。

第一千二百二十六条　因损害而产生的义务的法律适用范围

适用于因损害而产生的义务的法律的范围包括：

（1）民事主体对所造成的损害承担责任的能力；

（2）对非导致损害发生的民事主体科以损害赔偿责任；

（3）承担责任的依据；

（4）限制和免除责任的依据；

（5）赔偿损害方法；

（6）赔偿的范围和数额。

第一千二百二十七条　对消费者造成损害的赔偿责任

1. 消费者因购买商品、接受工作成果或服务而遭受损失的，由消费者选择赔偿责任适用：

（1）消费者居住地或活动地所在国的法律；

（2）生产商或服务提供者的居住地或所在地国家的法律；

（3）消费者购买商品、接受工作成果或服务的国家的法律。

2. 受害人未行使选择权的，根据本法典第一千二百二十五条确定适用的法律。

第一千二百二十八条　因不公平竞争而产生的义务的法律适用

因不公平竞争而产生的义务适用市场受该不正当竞争影响的国家的法律，法律另有规定的或义务实质另有要求的除外。

第一千二百二十九条　不当得利

1. 因不当得利而产生的责任，适用获利地所在国的法律。

2. 因获得或保存财产的依据消失而产生不当得利的，根据该依据所属国的法律确定适用的法律。

3. 不当得利的概念的确定适用塔吉克斯坦共和国的法律。

第七节　知识产权

第一千二百三十条　知识产权

1. 知识产权适用被请求保护该权利的国家的法律。

2. 以知识产权为标的的合同根据本章关于合同义务的规定适用法律。

第八节　继承法

第一千二百三十一条　继承关系

继承关系适用立遗嘱人最后的经常居住地所在国的法律，在遗嘱中选择继承人国籍国的法律的除外。

第一千二百三十二条　民事主体订立和撤销遗嘱的能力，遗嘱的形式及其撤销

民事主体订立和撤销遗嘱的能力，以及遗嘱的形式及其撤销，适用立遗嘱人在起草遗嘱时经常居住地所在国的法律，立遗嘱人在遗嘱中选择其作为公民所属国的法律的除外。

但遗嘱内容符合起草地的法律或塔吉克斯坦共和国法律的要求的，遗嘱的订立或撤销不能因不符合形式要求而被视为无效。

第一千二百三十三条　不动产和须在国家登记册登记的财产的继承

不动产的继承适用财产所在国的法律，在塔吉克斯坦共和国国家登记册上登记的财产适用塔吉克斯坦共和国的法律。就该财产民事主体订立和撤销遗嘱的能力，遗嘱的形式及其撤销适用法律一致。

第九节　监　　护

第一千二百三十四条　监护

1. 对未成年人、无行为能力的成年人或限制行为能力的成年人确立的监护，根据被确立或取消监护权人的属人法确立和取消。

2. 监护人对监护义务的承担适用被指定监护人的属人法。

3. 监护人与被监护人之间的法律关系适用指定监护人的机构所在国的法律。但被监护人居住在塔吉克斯坦共和国的，在对被监护人更有利的情况下，适用塔吉克斯坦共和国的法律。

4. 对居住在塔吉克斯坦共和国境外的塔吉克斯坦共和国公民确立的监护，对监护的确立没有法定异议或得到塔吉克斯坦共和国有关领事机构的承认的，在塔吉克斯坦共和国应被认定为有效。

第四部分　《土库曼斯坦民事诉讼法法典》国际私法编

《土库曼斯坦民事诉讼法法典》涉外案件审理编　根据土库曼斯坦议会公报2015年第3期第94页（№3，ст. 94）翻译。

目　录

第六编　涉外案件审理

第四十二章　一 般 规 定

第四百零九条　外国主体的民事诉讼权利和义务

1. 外国公民、无国籍人士、外国组织、国际组织（以下简称外国主体）有权向土库曼斯坦法院申请保护其被侵犯或有争议的权利、自由和合法权益。

2. 外国主体享有与土库曼斯坦公民和组织平等的诉讼权利和应履行的诉讼义务。

3. 涉外诉讼应根据本法典和土库曼斯坦其他法律规范进行。

4. 土库曼斯坦法律可对法院对土库曼斯坦公民和组织的程序权利给予特别限制的国家的外国主体施加反制限制。

第四百一十条　外国公民、无国籍人士的民事诉讼权利能力和诉讼行为能力

1. 外国公民、无国籍人士的民事诉讼权利能力和诉讼行为能力适用其属人法。

2. 外国公民的属人法是该公民具有公民身份的国家的法律。如果一个公民同时具有外国公民身份和土库曼斯坦公民身份，则认定土库曼斯坦法律为其属人法。土库曼斯坦法院不承认此类公民属于外国公民。

3. 无国籍人士的属人法为其住所地所在国法律，在没有住所地的情况下，则为其经常居住地所在国的法律。

4. 根据属人法不具备诉讼行为能力的人，根据土库曼斯坦法律具有诉讼行为能力的，可以在土库曼斯坦境内认定为具有诉讼行为能力。

第四百一十一条　外国组织和国际组织的诉讼权利能力

1. 外国组织的属人法是该组织成立国的法律。外国组织的诉讼权利能力适用其属人法。

2. 根据属人法不具有诉讼权利能力的外国组织可以根据土库曼斯坦的法律在土库曼斯坦境内认定为具有诉讼权利能力。

3. 国际组织的诉讼权利能力应根据其成立所依据的国际条约、成立文件或与土库曼斯坦授权机构的协议确定。

第四十三章　涉外国主体案件的管辖权

第四百一十二条　管辖权规则的适用

1. 除本章另有规定外，土库曼斯坦法院涉外国主体案件的管辖权应适用本法第四章的规定。

2. 被告公民在土库曼斯坦有住所地或被告组织位于土库曼斯坦境内的，由土库曼斯坦法院审理该涉外国主体案件。

3. 有下列情形的，由土库曼斯坦法院审理涉外国主体案件：

（1）外国主体的管理机构、分支机构或代表处位于土库曼斯坦境内的；

（2）被告拥有位于土库曼斯坦境内的财产的；

（3）原告在土库曼斯坦有住所地，案件涉及索取赡养费和确定亲子关系的；

（4）损害是在土库曼斯坦境内造成的，或者原告在土库曼斯坦有居住地，案件涉及对养家糊口者的伤害、其他健康损害或死亡造成的损害进行赔偿的；

（5）在损害赔偿案件中，作为提出损害赔偿请求依据的行为或其他情况发生在土库曼斯坦境内的；

（6）诉讼依据的合同全部或部分履行必须在土库曼斯坦境内进行或已经进行的；

（7）诉讼原因是在土库曼斯坦境内发生的不当致富的；

（8）在离婚案件中，原告在土库曼斯坦有住所地或配偶中至少有一方是土库曼斯坦公民的；

（9）在保护名誉、尊严和商业信誉的案件中，原告在土库曼斯坦有住所地的。

4. 土库曼斯坦法院审理土库曼斯坦法律赋予其管辖权的其他案件。

第四百一十三条　涉外国主体案件的专属管辖权

1. 专属管辖权包括：

（1）土库曼斯坦境内不动产权案件；

（2）承运人在土库曼斯坦境内的运输合同纠纷案件；

（3）土库曼斯坦公民与外国公民或无国籍人士解除婚姻的案件，配偶双方都在土库曼斯坦有住所地的；

（4）本法典第二百七十二条所列举的案件。

2. 在下列情况下，法庭可以依照特别程序审理：

（1）在确定具有法律意义的事实的案件中，申请人在土库曼斯坦有住所地或需要确定的事实已经发生或正在土库曼斯坦境内发生的；

（2）被申请限制民事行为能力或认定其为无民事行为能力人，或被申请强制安置在具有特别拘留制度的机构的公民是土库曼斯坦公民或在土库曼斯坦有住所地的；

（3）申请承认失踪或宣布死亡的人是土库曼斯坦公民或在土库曼斯坦有最后已知住所地的，且在土库曼斯坦有住所地的公民、在土库曼斯坦有住所地的组织的权利和义务的确定取决于这个问题的解决的；

（4）申请认定土库曼斯坦境内不动产为无主财产，并将其转让给国家所有的；

（5）申请承认公民或在土库曼斯坦有住所地的公民，或位于土库曼斯坦境内的组织或组织签发的无记名文件遗失或毁坏的。

第四百一十四条　涉及外国人案件的合同管辖权

1. 在涉外国主体案件中，当事人有权在法院受理案件之前约定变更管辖权。

2. 本法典第三十八条、第四十条和第四百一十三条规定的涉外国主体案件的管辖权不能通过双方协议变更。

第四百一十五条　案件审理地的不变性

土库曼斯坦法院根据管辖权规则受理的案件，即使由于当事人国籍、住所地或所在地的变化或其他情况，该案件已受外国法院的管辖，也应由土库曼斯坦法院根据案情作出裁决。

第四百一十六条　外国法院审理案件的程序性后果

1. 与土库曼斯坦订有国际条约，约定相互承认和执行法院裁决，请求法院就同一当事人之间基于同一主题和基于同一理由的纠纷作出裁决的，土库曼斯坦法院应拒绝受理该诉讼请求或终止该案的诉讼程序。

2. 其决定在土库曼斯坦境内应予承认或执行的外国法院先前已就同一当事人之间关于同一主题和同一理由的纠纷提起诉讼的，土库曼斯坦法院应退回申请书，或对该申请书不予考虑。

3. 本条第一款和第二款的规定不影响土库曼斯坦法院专属管辖权范围内的案件。

第四百一十七条 调查委托书

1. 土库曼斯坦法院应按照土库曼斯坦法律规定或国际条约约定的程序执行外国法院关于采取一定程序行动的命令（送达通知和其他文件，接受当事人解释、证人证词、专家意见、现场检查等）。

2. 在下列情况下，对外国法院关于采取一定程序行动的命令不予执行：

（1）执行命令可能损害土库曼斯坦的主权或威胁土库曼斯坦的安全；

（2）命令的执行不属于法院的管辖范围。

3. 除土库曼斯坦参与的国际条约另有规定外，外国法院命令的执行应按照土库曼斯坦法律规定的程序进行。

4. 土库曼斯坦法院可以向外国法院提出关于采取一定程序行动的指示。土库曼斯坦法院与外国法院的优先级关系由土库曼斯坦的法律和国际条约决定。

第四百一十八条 承认外国主管机构签发、拟订或核证的文件

1. 土库曼斯坦法院在合法化的情况下承认土库曼斯坦境外外国主管机构根据外国法律就土库曼斯坦公民或组织或外国主体签发、起草或核证的文件，土库曼斯坦法律或国际条约另有规定的除外。

2. 用外国语言编写的文件应提交土库曼斯坦法院，并附有土库曼语的官方译文。

第四百一十九条 外国法的查明

1. 土库曼斯坦法院不知道在另一国生效的法律，可以通过提供证据来查明。

2. 当事各方和诉讼的其他参与方应协助外国法的查明，并向法院提供他们拥有的所有证据。

3. 法院可以决定专家参与。在查明外国法时，专家不受法律关于提供证据的规定的约束，可以使用所有存在的信息来源。

第四十四章　承认和执行外国法院的裁决

第四百二十条　外国法院的裁决

1. 外国法院的裁决是指对民事案件的判决以及对涉及赔偿犯罪造成的损害的案件的裁决，但经济纠纷案件以及其他与从事商业和其他经济活动有关的案件除外。

2. 外国法院的裁决可以在裁决生效之日起三年内申请强制执行。土库曼斯坦法院可根据本法典第一百零八条规定的程序恢复因正当理由错过的期限。

第四百二十一条　承认外国法院的裁决

1. 土库曼斯坦可以根据互惠原则承认外国法院的裁决，但本条第二款规定的案件除外。

2. 在下列情况下，不得承认外国法院的裁决：

（1）审理案件属于土库曼斯坦法院的专属管辖权的；

（2）被告未被适当告知案件审理的时间和地点，或者有充分理由不能提出反诉的；

（3）土库曼斯坦法院的裁决已生效，该裁决是就同一当事人之间，基于同一主题和同一理由的纠纷作出的，或在土库曼斯坦法院的诉讼中有同一当事人之间关于同一主题和根据同一理由在外国法院提起诉讼之前提起的案件的；

（4）该裁决与在土库曼斯坦作出的裁决或外国法院以前承认的裁决或在土库曼斯坦进行的诉讼相抵触的；

（5）承认外国法院的裁决会导致明显违反土库曼斯坦宪法原则的。

第四百二十二条　执行外国法院的裁决

1. 外国法院的裁决在土库曼斯坦得到承认的，外国法院的裁决应根据法院关于执行裁决的决定强制执行。

2. 执行外国法院裁决的申请应按照本法“诉讼程序”一节中规定的程序进行审议。

3. 法院只审查是否存在承认该裁决的条件，不审查该裁决的合法性。

4. 法院关于执行外国法院裁决的决定必须在外国法院根据该国法律作出的裁决生效后发布。

第四十五章 外国及其财产的管辖豁免

第四百二十三条 外国豁免

外国在土库曼斯坦享有管辖豁免，包括司法豁免、诉讼担保豁免和执行裁决豁免，本法典另有规定的除外。

第四百二十四条 司法豁免

根据本法典的规定，外国同意放弃司法豁免，或根据本法典第四百三十条不适用于外国豁免，或该外国进行行使国家主权权力以外的活动的，在本法典第四百三十一条至第四百三十七条规定的情况下，该外国在土库曼斯坦不享有司法豁免。

第四百二十五条 外国同意土库曼斯坦法院管辖权

1. 外国明确表示同意土库曼斯坦法院对有关案件行使管辖权的，即视为同意放弃司法豁免，包括：

（1）土库曼斯坦的国际条约；

（2）非土库曼斯坦参与的国际条约的书面协议；

（3）通过向土库曼斯坦法院提出申请或在特定程序框架内发出书面通知。

2. 外国同意放弃司法豁免的，不应视为其同意放弃诉讼担保豁免和执行裁决豁免。

3. 外国同意适用土库曼斯坦法律的，不应视为其同意放弃司法豁免。

第四百二十六条 外国参与法院审理

1. 外国是在土库曼斯坦法院主动提起诉讼的当事人，或在土库曼斯坦法院就案情提起诉讼或采取其他行动的，应视为该外国已同意放弃司法豁免。

2. 外国同意放弃司法豁免溯及法院审理的所有阶段。

3. 外国在法院证明，在采取本条第一款所述行动之前，其不可能知道有理由主张司法豁免的事实，则该国在知悉这些事实后，可立即援引这些事实。

4. 外国在土库曼斯坦法院提起诉讼或采取任何其他行动以援引司法豁免或证明其对诉讼所涉财产的权利的，不应视为该外国同意放弃司法豁免。

5. 外国代表出庭作证不应视为该外国同意放弃司法豁免。

6. 作为诉讼当事人的外国不参加土库曼斯坦法院的诉讼的，这种情况本身就不能解释为该外国同意放弃司法豁免。

第四百二十七条　放弃反诉豁免

1. 向土库曼斯坦法院提起诉讼的外国应视为其同意放弃基于与该国原始诉讼相同的法律关系或事实的任何反诉豁免。

2. 向土库曼斯坦法院提出反诉的外国应视为其同意放弃对原诉讼的司法豁免。

第四百二十八条　放弃仲裁程序的豁免

外国以书面形式表示同意将已经发生或可能发生的涉及该国的争端提交仲裁的，应视为该国自愿同意就这些争端放弃与土库曼斯坦法院行使仲裁职能有关的事项的司法豁免。

第四百二十九条　撤销放弃豁免的同意

不得撤销外国放弃司法豁免、诉讼担保豁免和执行裁决豁免的同意，与争端另一方的协议明确规定允许撤销此类同意的除外。

第四百三十条　对与违反土库曼斯坦管辖豁免有关的纠纷不适用司法豁免

外国在违反土库曼斯坦管辖豁免或与其财产有关的纠纷中，在土库曼斯坦不享有司法豁免，也不享有诉讼担保豁免和执行裁决豁免，土库曼斯坦参与的国际条约另有规定的除外。

第四百三十一条　对商业活动有关纠纷不适用司法豁免

1. 外国在土库曼斯坦从事商业活动时产生的纠纷在土库曼斯坦不享有司法豁免。

2. 外国在行使国家主权时从事的或与之相关的商业活动以外的民事交易产生的纠纷，在土库曼斯坦不享有司法豁免。

3. 土库曼斯坦法院在认定由外国进行或与之相关的民事法律交易是否构成与其行使主权有关的活动时，应考虑此类民事法律交易的性质和目的。

第四百三十二条　对法人股权有关纠纷不适用司法豁免

外国在根据土库曼斯坦法律成立的或其主要营业地在土库曼斯坦的商业和非商业法律实体的股权有关纠纷中，在土库曼斯坦不享有司法豁免。

第四百三十三条　对财产权有关纠纷不适用司法豁免

外国在下列纠纷中，在土库曼斯坦不享有司法豁免：

（1）对位于土库曼斯坦境内的不动产的权利，以及与此类财产有关的义务；

（2）基于与国家行使主权无关的依据而产生的财产权。

第四百三十四条　对损害赔偿纠纷不适用司法豁免

外国就其对生命和（或）健康造成的损害和对财产造成的损害作出损害赔偿，且对该国的诉讼是由于全部或部分发生在土库曼斯坦的行为（不作为）或情况对财产造成损害而引起的，该外国对有关纠纷在土库曼斯坦不享有司法豁免。

第四百三十五条　对知识产权有关纠纷不适用司法豁免

1. 外国在土库曼斯坦对与知识产权客体权利的确立和行使有关的纠纷不享有司法豁免。

2. 外国在土库曼斯坦就指称其侵犯他人知识产权客体权利的有关纠纷不享有司法豁免。

第四百三十六条　对劳动纠纷不适用司法豁免

1. 外国在土库曼斯坦与雇员之间就已经或应该在土库曼斯坦全部或部分

完成的工作发生的劳动纠纷中不享有司法豁免，本条第二款规定的情况除外。

2. 本条第一款的规定不适用于下列情况：

（1）在提起诉讼时，雇员是雇用该雇员的国家的公民的，雇员在土库曼斯坦有永久居留权的情况除外；

（2）雇用该雇员是为了履行行使国家主权的职责的；

（3）纠纷的主题是订立或续签劳动合同的。

第四百三十七条　与海运船舶和内河航行船舶运营有关纠纷的豁免

1. 在作为诉讼依据的事实发生时，该船舶被用于国家非商业目的以外的其他目的的，拥有或经营该海运船舶或内河航行船舶的外国在与该船舶运营或运输货物有关的纠纷中在土库曼斯坦不享有司法豁免。

2. 本条第一款的规定不适用于：

（1）军舰和军用辅助船，以及此种军舰和辅助船上运载的货物；

（2）不论由何种船舶运载的，国家所有的、专门用于国家非商业目的的货物。

3. 就本条的适用而言，以下情况应认定为与船舶运营有关的纠纷，另有规定的除外：

（1）船舶碰撞、港口及水利设施损坏或其他船舶事故；

（2）援助、打捞作业和一般事故；

（3）提供与船舶有关的用品、修理和其他工作、服务；

（4）海洋环境污染的后果；

（5）沉没财产的打捞。

第四百三十八条　诉讼担保豁免和执行裁决豁免

外国应享有诉讼担保的豁免权和执行法院裁决的豁免权，但下列情况除外：

（1）外国通过本法典第四百二十五条第一款规定的方式之一，明确同意放弃本条中提到的各类管辖豁免；

（2）外国为满足土库曼斯坦法院诉讼标的的请求，已保留或以其他方式指定财产；

(3) 位于土库曼斯坦境内的外国财产被该外国使用和（或）计划用于行使国家主权以外的目的。

第四百三十九条　用于行使主权的财产

以下外国财产不应认定为外国为行使国家主权以外的目的而使用和（或）计划使用的财产（本法典第四百三十八条第三项），包括：

(1) 用于或计划推动外国外交使团或其领事机构、特别使团、驻国际组织代表团、外国派往国际组织机构或参加国际会议的代表团履行职能的财产（包括银行账户内的资金）；

(2) 土库曼斯坦承认的和平行动中使用的军事装备和（或）装备；

(3) 不出售或者不计划出售的文化财产或者档案文件。

第四百四十条　涉外国诉讼

涉外国诉讼由土库曼斯坦法院根据土库曼斯坦诉讼规则审理，适用于包括外国法律实体在内的针对法律实体的管辖权规则，本法典或土库曼斯坦的其他规范性法律文件另有规定的除外。

第四百四十一条　解决外国司法豁免问题的程序

外国享有或不享有司法豁免的问题由土库曼斯坦法院在法庭开庭时根据当事各方的传票作出决定。

第四百四十二条　土库曼斯坦法院关于保证对涉外国纠纷诉讼担保和执行法院裁决的问题的决定

1. 土库曼斯坦法院应根据外国是否具有诉讼担保的豁免权和执行法院裁决的豁免权对外国的诉讼担保豁免和执行裁决豁免作出决定。

2. 不采取紧急措施可能使法院裁决难以执行或无法执行的，特别是为阻止法院裁决的执行而破坏、损坏、转移财产或以其他方式处置财产的可能性很高的，土库曼斯坦法院在没有充分理由相信外国享有适当豁免的情况下，有权应当事一方的请求作出关于保证诉讼担保和执行裁决的决定。这一决定并不剥夺外国就存在适当豁免提出质疑的权利。

3. 对外国作出的司法决定的执行是根据土库曼斯坦关于执行程序的法律进行的。

第四百四十三条　协助土库曼斯坦法院适用本法

1. 土库曼斯坦外交部应土库曼斯坦法院的请求或主动提供与外国适用本法有关的问题的信息，包括产生管辖豁免问题的当事人是否是外国，是否有行使国家主权的活动，在外国给予土库曼斯坦何种程度的管辖豁免。

2. 土库曼斯坦法院还可以根据规定的程序，向土库曼斯坦境内和境外的其他机构和组织申请或聘请专家协助和澄清有关纠纷主题的问题。收到的结论和解释须经土库曼斯坦法院评估，同时考虑案件已有的全部证据。

第四百四十四条　向外国发送和交付程序性文件

1. 向外国发出关于在土库曼斯坦法院对其提起诉讼的通知和其他司法文件应通过外交渠道进行。有关主管国家外交事务的行政部门收到这些文件的日期视为文件的送达日期。

2. 土库曼斯坦法院关于向外国送达文件和就在土库曼斯坦法院对外国提起的诉讼采取其他程序行动的命令，应按照土库曼斯坦规范性法律文件和土库曼斯坦规范提供法律援助的国际条约规定的程序发出。

第四百四十五条　缺席裁决

在法院认定符合以下条件的情况下，对未参加土库曼斯坦法院诉讼的外国可以作出判决：

（1）符合本法典第四百四十四条的要求；

（2）从向外国递交对该外国提起诉讼的文件之日起满六个月；

（3）根据本法典的规定，国家不享有司法豁免。

第五部分 《乌兹别克斯坦共和国民法典》国际私法编

《乌兹别克斯坦共和国民法典》国际私法部分1996年8月29日经乌兹别克斯坦共和国议会（257－Ⅰ）通过，1997年3月1日生效。2009年至2023年先后修改了24次。此文本根据2022年11月7日修改的文本翻译而成。

目　录

第六编　国际私法对民事法律关系的适用

第七十章　一 般 规 定

第一千一百五十八条　涉外民事法律关系适用法律的确定

适用于有外国公民或外国法人参与的，或者有其他涉外因素的民事法律关系的法律的，应根据本法典、其他立法规范、国际条约和公认的国际惯例基于合同当事人的约定确定适用的法律。

当事人就选择适用的法律达成协议的，须明示或从合同条款和相关事实中直接推断。

根据本条第一款无法确定适用的法律的，适用与涉外民事法律关系联系最密切的法律。

不得仅以外国法律具有公法性质为由对其适用加以限制。

第一千一百五十九条　法律定性

法院或其他国家机关对法律概念的定性（法律定性）应基于作为争议审理地所在国乌兹别克斯坦共和国的法律对此概念的解释，法律另有规定的除外。

法律概念不被作为争议审理地所在国乌兹别克斯坦共和国的法律所知的，或以其他名称或内容为其所知的，且无法根据乌兹别克斯坦共和国的法律加以解释的，外国法律可以适用于法律定性。

第一千一百六十条　外国法律规范内容的查明

在适用外国法律时，法院或其他国家机关应根据有关外国的官方解释、适用惯例和理论确定其法律规范的内容。

为了查明外国法律规范的内容，法院或其他国家机关可以按照既定程序，请求司法部和其他国家主管机关和机构，包括在国外的主管机关和机构，提供合作和说明，或请专家参与。

参与诉讼的民事主体有权提交文件，以证明他们为支持或反对某种主张而援引的外国法律规范的内容，并以其他方式协助法院或其他国家机关确定这些规范的内容。

根据本条采取措施，但没有在合理的时间内查明外国法律规范的内容的，应适用乌兹别克斯坦共和国的法律。

第一千一百六十一条 对本国和第三国法律的援引

根据本编对任何外国法律的提及，均应视为对有关国家的实体法的提及，而非对有关国家的冲突法的提及，本编另有规定的除外。

根据本法典第一千一百六十八条，第一千一百六十九条第一款、第三款和第五款，第一千一百七十一条和第一千一百七十四条的规定，适用外国法律的，可以援引乌兹别克斯坦共和国法律和第三国的法律。

第一千一百六十二条 规避法律的后果

本法典规定的民事法律关系各方为规避本编关于法律适用规定的协议和其他行为无效。在这种情况下，将根据本编适用有关国家的法律。

第一千一百六十三条 对等性条款

法院或其他国家机关应适用外国法律，不受适用其法律的国家是否对类似的法律关系适用乌兹别克斯坦共和国的法律的影响，乌兹别克斯坦共和国法律规定在对等性基础上适用外国法律的除外。

外国法律的适用取决于对等性的，应推定对等性存在，另有证明的除外。

第一千一百六十四条 公共秩序条款

适用外国法律违反乌兹别克斯坦共和国法律秩序的基本原则（乌兹别克斯坦共和国公共秩序）的，则不予适用。在这种情况下，适用乌兹别克斯坦共和国的法律。

不得仅以有关国家的法律、政治或经济制度与乌兹别克斯坦共和国的法律、政治或经济制度有别为依据，拒绝适用外国法律。

第一千一百六十五条　强制性规范的适用

本编规定不影响乌兹别克斯坦共和国立法强制性规范的效力，这些规范独立于适用的法律规制民事法律关系。

根据本编规定适用其他国家的法律时，法院可以适用根据该国法律规范该民事法律关系，且与该民事法律关系联系密切的强制性规范。在这种情况下，法院应考虑这些规范的目的和性质，以及适用这些规范的后果。

第一千一百六十六条　多元法律体系国家的法律适用

适用某国的法律，该国拥有若干领土或其他法律制度的，根据该国法律予以适用。

第一千一百六十七条　反制措施

外国对在其境内的乌兹别克斯坦共和国公民和法人的权利加以特别限制的，乌兹别克斯坦共和国可以对该国的公民和法人采取反制措施。

第七十一章　法律冲突规则

第一节　民　事　主　体

第一千一百六十八条　自然人属人法

自然人的属人法为其国籍国的法律。自然人具有两个以上国籍的，属人法为与该自然人关系最密切的国家的法律。

自然人无国籍的，属人法为其经常居住地所在国的法律。

难民的属人法为其庇护国的法律。

第一千一百六十九条　自然人的民事权利能力和民事行为能力

自然人的民事权利能力和民事行为能力适用其属人法。

外国公民和无国籍人士在乌兹别克斯坦共和国享有与乌兹别克斯坦共和国公民同等的民事权利能力，乌兹别克斯坦共和国法律或国际条约另有规定的除外。

自然人因交易和造成损害而产生义务的民事行为能力，适用交易地法律或造成损害而产生义务的发生地法律。

自然人作为个体工商户的能力以及拥有相关权利和义务的能力，由该自然人注册个体工商户的国家的法律确定。没有注册国的，适用个体工商户主要经营活动所在国的法律。

对自然人无民事行为能力或限制民事行为能力的认定适用法院所在国的法律。

第一千一百七十条　宣告自然人失踪或宣告自然人死亡

宣告自然人失踪或宣告自然人死亡适用法院所在国的法律。

第一千一百七十一条　自然人的姓名

自然人拥有姓名权，对姓名的使用和保护的权利适用该自然人属人法，本法典第十九条第四款和第七款、第一千一百七十九条和第一千一百八十条另有规定的除外。

第一千一百七十二条　乌兹别克斯坦共和国公民在乌兹别克斯坦共和国境外的公民身份登记

居住在乌兹别克斯坦共和国境外的乌兹别克斯坦共和国公民的公民身份登记应在乌兹别克斯坦共和国的领事机构进行，适用乌兹别克斯坦共和国的法律。

第一千一百七十三条　对外国机构签发的公民身份证明文件的承认

外国主管机构根据本国法律在乌兹别克斯坦共和国境外签发的关于乌兹别克斯坦共和国公民、外国公民和无国籍人士的民事证明文件，经认证或加注后，在乌兹别克斯坦共和国应被认定为有效。

第一千一百七十四条　监护

对未成年人、无行为能力的成年人或限制行为能力的成年人确立的监护，适用法院所在地的法律确立和取消。

监护人对监护义务的承担适用被指定监护人的属人法。

监护人与被监护人之间的法律关系适用指定监护人的机构所在国的法律。但被监护人居住在乌兹别克斯坦共和国的，在对被监护人更有利的情况下，适用乌兹别克斯坦共和国的法律。

对居住在乌兹别克斯坦共和国境外的乌兹别克斯坦共和国公民确立的监护，对监护的确立没有法定异议或得到乌兹别克斯坦共和国有关领事机构的承认的，在乌兹别克斯坦共和国应被认定为有效。

第一千一百七十五条　法人法

法人适用法人成立地的法律。

第一千一百七十六条　法人的民事权利能力

外国法人的民事权利能力适用法人成立地的法律。

外国法人不得援引交易所在国法律不认可的规定以授权其机构或代表进行交易。

第一千一百七十七条　外国法人的活动在乌兹别克斯坦共和国的国民待遇

外国法人在乌兹别克斯坦共和国开展由民事法律规范的商业和其他活动，乌兹别克斯坦共和国法律对外国法人另有规定的除外。

第一千一百七十八条　国家参与的涉外民事法律关系

本编适用于国家参与的涉外民事法律关系，法律另有规定的除外。

第二节　人身权、知识产权

第一千一百七十九条　对人身权的保护

人身权适用导致人身权被请求保护的行为或其他情况发生地的法律。

第一千一百八十条　知识产权

知识产权适用被请求保护该权利的国家的法律。

以知识产权为标的的合同根据本章关于合同义务的规定适用法律。

第三节　交易、代理、诉讼时效

第一千一百八十一条　交易形式

交易形式遵循交易发生地的法律。但符合乌兹别克斯坦共和国法律的要求的，不得以不符合对交易形式的规定为由认定在国外进行的交易无效。

对外经济贸易中至少有一个参与方为乌兹别克斯坦共和国的法人或公民的，不论交易地在何处，均应以书面形式进行。

不动产交易形式适用该不动产所在国的法律，乌兹别克斯坦共和国国家登记册上登记的不动产交易形式适用乌兹别克斯坦共和国的法律。

第一千一百八十二条　授权委托书

授权委托书的形式和期限适用授权委托书签发国的法律。但是，授权委托书内容符合乌兹别克斯坦共和国法律的要求的，不能因不符合形式要求而认定其无效。

第一千一百八十三条　诉讼时效

诉讼时效适用规范涉外民事关系的国家的法律。

如果涉外民事关系的参与者中至少有一个参与方为乌兹别克斯坦共和国的法人或公民的，不适用诉讼时效的情形，适用乌兹别克斯坦共和国的法律。

第四节　物　　权

第一千一百八十四条　物权法律适用的一般规定

不动产和动产的所有权和其他物权适用财产所在国的法律，法律另有规定的除外。

不论财产属于不动产还是动产，抑或是该财产的其他法律定性，均适用该财产所在国的法律。

第一千一百八十五条　物权的设立和消灭

物权的设立和消灭，适用导致物权设立或消灭的行为或其他情形发生时财产所在国的法律，乌兹别克斯坦共和国法律另有规定的除外。

对交易标的物的物权的设立和消灭适用交易所在国的法律，当事人另有约定的除外。

因取得时效而产生的财产所有权适用时效结束时财产所在国的法律。

第一千一百八十六条　运输工具和其他应记入国家登记册的财产的物权

运输工具和其他应记入国家登记册财产的物权，适用运输工具或该财产登记地所在国的法律。

第一千一百八十七条　运输中的动产物权

交易途中动产所有权和其他物权适用该动产运输出发国的法律，当事人另有约定的除外。

第一千一百八十八条　对物权的保护

对所有权和其他物权的保护可以根据申请人的选择适用财产所在国的法律或法院所在国的法律。

对不动产所有权和其他物权的保护适用不动产所在国的法律。在乌兹别克斯坦共和国国家登记册上登记的财产适用乌兹别克斯坦共和国的法律。

第五节　合 同 义 务

第一千一百八十九条　合同当事人协议选择适用法律

合同适用当事人协议选择适用的国家的法律，法律另有规定的除外。

合同当事人可以协议选择整个合同及其各部分适用的法律。

合同当事人可以在订立合同时或订立合同后的任何时候协议选择适用的法律。当事人还可以在任何时候协议修改合同适用的法律。

第一千一百九十条　合同当事人未就适用法律达成协议时的法律适用

合同当事人未就适用法律达成协议的，合同适用以下当事人的成立地、居住地或主要营业地的法律：

（1）销售合同中的卖方；

（2）赠与合同中的赠与人；

（3）租赁合同中的出租人；

（4）无偿使用财产合同中的出借人；

（5）承包合同中的承包人；

（6）运输合同中的承运人；

（7）运输代理合同中的运送代理人；

（8）贷款合同或其他信贷合同中的债权人；

（9）委托代理合同中的代理人；

（10）代理合同中的代理人；

（11）保管合同中的保管人；

（12）保险合同中的保险人；

（13）担保合同中的担保人；

（14）质押合同中的质押人；

（15）独家使用许可合同中的许可人。

不论是否符合本条第一款规定的情形，合同当事人未就适用法律达成协议的，适用：

（1）不动产合同适用不动产所在国的法律；

（2）联合经营合同和建筑合同适用活动进行地或产生合同规定结果地所在国的法律；

（3）根据竞标、招标、拍卖或交易所结果订立的合同适用举行竞标、招标、拍卖地或交易所所在国的法律。

对于本条第一款和第二款未列举的合同，合同当事人未就适用法律达成协议的，适用对合同内容有决定性作用的履约方的成立地、居住地或主要营业地的法律。无法确定对合同内容有决定性作用的履约行为的，适用与合同关系最密切的国家的法律。

第一千一百九十一条　关于涉外法人成立合同的法律适用

涉外法人成立合同适用法人成立地的法律。

第一千一百九十二条　适用法律的范围

根据本节规定适用于合同的法律的范围包括：

（1）合同的解释；

（2）当事人的权利和义务；

（3）合同的履行；

（4）不履行或不当履行合同的后果；

（5）合同的终止；

（6）合同无效的情形或后果；

（7）与合同有关的债权转让和债务转移。

关于履约的方式和程序，以及在不当履行的情况下应采取的措施，除确定适用的法律外，还应当考虑履约行为发生国的法律。

第六节　非合同义务

第一千一百九十三条　单边行为产生的义务

单边行为（悬赏广告、无因管理等）产生的义务适用本编第四节的规定。

第一千一百九十四条　因损害而产生的责任

因损害而产生的责任下的权利和义务适用损害赔偿要求依据的行为或其他情况发生地的法律。

当事人是同一国家的公民或法人的，因在国外的损害而产生的责任下的权利和义务适用该国的法律。

损害赔偿要求依据的行为或其他情况不违反乌兹别克斯坦共和国法律的，不适用外国法律。

第一千一百九十五条　对消费者造成损害的赔偿责任

消费者因购买商品、接受工作成果或服务而遭受损失的，由消费者选择赔偿责任适用：

(1) 消费者居住地所在国的法律；

(2) 生产商、工作成果或服务提供者的居住地或所在地国家的法律；

(3) 消费者购买商品或向其提供工作成果或服务的国家的法律。

第一千一百九十六条　不当得利

因不当得利而产生的责任，适用获利地所在国的法律。

因获得或保存财产的依据消失而产生不当得利的，根据该依据所属国的法律确定适用的法律。不当得利的概念的确定适用乌兹别克斯坦共和国的法律。

第七节　继　承　权

第一千一百九十七条　继承关系

继承关系适用立遗嘱人最后的经常居住地所在国的法律，本法典第一千一百九十八条和第一千一百九十九条有其他规定的除外，立遗嘱人在遗嘱中选择其作为公民所属国的法律的除外。

第一千一百九十八条 民事主体订立和撤销遗嘱的能力，遗嘱的形式及其撤销

民事主体订立和撤销遗嘱的能力，以及遗嘱的形式及其撤销，适用立遗嘱人在起草遗嘱时经常居住地所在国的法律，立遗嘱人在遗嘱中选择其作为公民所属国的法律的除外。

但遗嘱内容符合起草地的法律或乌兹别克斯坦共和国法律的要求的，遗嘱的订立或撤销不能因不符合形式要求而被视为无效。

第一千一百九十九条 不动产和须在国家登记册登记的财产的继承

不动产的继承适用财产所在国的法律，在乌兹别克斯坦共和国国家登记册上登记的财产适用乌兹别克斯坦共和国的法律。

第六部分　《白俄罗斯共和国民法典》国际私法编

《白俄罗斯共和国民法典》国际私法部分1998年10月28日经白俄罗斯共和国代表院通过，1998年11月19日经白俄罗斯共和国委员会批准，1999年7月1日生效。2006年至2023年先后修改了55次。此文本根据2023年1月3日修改的文本翻译而成。

目　　录

第七编 国际私法

第七十四章 一般规定

第一千零九十三条 涉外民事法律关系适用法律的确定

1. 适用于有外国公民或外国法人参与的，或者有其他涉外因素的民事法律关系的法律的，应根据《白俄罗斯共和国宪法》、本法典以及其他立法规范，白俄罗斯共和国缔结的国际条约和不与白俄罗斯共和国立法相抵触的国际惯例确定适用的法律。

2. 当事人就选择适用的法律达成协议的，须明示或从合同条款和相关事实中直接推断。

3. 根据本条第一款无法确定适用的法律的，适用与涉外民事法律关系联系最密切的法律。

4. 本编关于确定法院适用法律的规则，同样适用于有权决定适用法律的其他机构。

第一千零九十四条 法律概念的定性

1. 在确定适用的法律时，法院对法律概念的定性应基于法院所在国法律的解释，法律另有规定的除外。

2. 法律概念不为法院所在国法律所知的，或以其他名称或内容为其所知，但无法根据法院所在国法律加以解释的，外国法律可以适用于法律概念的定性。

第一千零九十五条 外国法律规范内容的查明

1. 在适用外国法律时，法院应根据有关外国的官方解释、适用惯例和理论确定其法律规范的内容。

2. 为了查明外国法律规范的内容，法院可以按照既定程序，请求白俄罗斯共和国司法部和白俄罗斯共和国其他主管机关和机构（包括在国外的主管机关和机构）提供合作和说明，或请专家参与。

3. 参与诉讼的民事主体有权提交文件，以证明他们为支持或反对某种主张而援引的外国法律规范的内容，并以其他方式协助法院确定这些规范的内容。

4. 根据本条采取措施，但没有在合理的时间内查明外国法律规范的内容的，应适用白俄罗斯共和国的法律。

第一千零九十六条　对本国和第三国法律的援引

1. 根据本编对任何外国法律的提及，均应视为对有关国家的实体法的提及，而非对有关国家的冲突法的提及，本编另有规定的除外。

2. 根据本法典第一千一百零三条，第一千一百零四条第一款和第三款，第一千一百零六条和第一千一百零九条的规定，适用外国法律的，可以援引白俄罗斯共和国法律和第三国的法律。

第一千零九十七条　规避法律的后果

本法典规定的民事法律关系各方为规避本编关于法律适用规定的协议和其他行为无效。在这种情况下，将根据本编适用法律。

第一千零九十八条　对等性条款

1. 法院应适用外国法律，不受适用其法律的国家是否对类似的法律关系适用白俄罗斯共和国的法律的影响，白俄罗斯共和国法律规定在对等性基础上适用外国法律的除外。

2. 外国法律的适用取决于对等性的，应推定对等性存在，另有证明的除外。

第一千零九十九条　公共秩序条款

适用外国法律违反白俄罗斯共和国法律秩序的基本原则（白俄罗斯共和国公共秩序）的，则不予适用。在这种情况下，适用白俄罗斯共和国的法律。

第一千一百条　强制性规范的适用

1. 本编规定不影响白俄罗斯共和国立法强制性规范的效力，由于规范本身的规定或其对保护民事法律关系主体的权利和法益的特殊意义，不论适用何种法律，这些规范都规制民事法律关系。

2. 根据本编规定适用其他国家的法律时，法院可以适用根据该国法律规范该民事法律关系，且与该民事法律关系联系密切的强制性规范。在这种情况下，法院应考虑这些规范的目的和性质，以及适用这些规范的后果。

第一千一百零一条　多元法律体系国家的法律适用

适用某国的法律，该国拥有若干领土或法律制度的，根据该国法律予以适用。

第一千一百零二条　反制措施

外国对在其境内的白俄罗斯共和国公民和法人的权利加以特别限制的，白俄罗斯共和国政府可以对该国的公民和法人采取反制措施。

第七十五章　法律冲突规则

第一节　民 事 主 体

第一千一百零三条　自然人属人法

1. 自然人的属人法为其国籍国的法律。自然人具有两个以上国籍的，属人法为与该自然人关系最密切的国家的法律。自然人拥有包括白俄罗斯共和国国籍在内的两个以上国籍的，属人法为白俄罗斯共和国的法律。

2. 没有任何国家公民身份证明（国籍）的自然人，属人法为其经常居住地所在国的法律。

3. 在公民身份所属国（国籍国）以外的国家获得难民身份或受到其他形式庇护的自然人的属人法为其经常居住地所在国的法律。

第一千一百零四条　自然人的民事权利能力和民事行为能力

1. 自然人的民事行为能力适用其属人法。

2. 外国公民和无国籍人士在白俄罗斯共和国享有与白俄罗斯共和国公民同等的民事权利能力，《白俄罗斯共和国宪法》、法律或缔结的国际条约另有规定的除外。

3. 自然人因在白俄罗斯共和国进行的交易和因在白俄罗斯共和国造成损害而产生义务的民事行为能力，适用白俄罗斯共和国法律。

4. 自然人作为个体工商户的能力以及拥有相关权利和义务的能力，由该自然人注册个体工商户的国家的法律确定。没有注册国的，适用个体工商户主要经营活动所在国的法律。

5. 对自然人无民事行为能力或限制民事行为能力的认定适用法院所在国的法律。

第一千一百零五条　宣告自然人失踪或宣告自然人死亡

宣告自然人失踪或宣告自然人死亡适用法院所在国的法律。

第一千一百零六条　自然人的姓名

自然人拥有姓名权，对姓名的使用和保护的权利适用该自然人属人法，本法典第十八条第二款第二项和第四款，第一千一百一十五条和第一千一百三十二条另有规定的除外。

第一千一百零七条

失效。

第一千一百零八条

失效。

第一千一百零九条　监护

1. 对未成年人、无行为能力的成年人或限制行为能力的成年人确立的监护，适用法院所在地的法律确立和取消。

2. 监护人对监护义务的承担适用被指定监护人的属人法。

3. 监护人与被监护人之间的法律关系适用指定监护人的机构所在国的法律。但被监护人居住在白俄罗斯共和国的，在对被监护人更有利的情况下，适用白俄罗斯共和国的法律。

4. 对居住在白俄罗斯共和国境外的白俄罗斯共和国公民确立的监护，对监护的确立没有法定异议或得到白俄罗斯共和国有关领事机构的承认的，在白俄罗斯共和国应被认定为有效。

第一千一百一十条 非外国法律实体的外国组织的民事行为能力

根据外国法律不具有法人资格的外国组织的民事行为能力由该组织成立地的法律确定。

第一千一百一十一条 法人法

法人适用法人成立地的法律。

第一千一百一十二条 外国法人的民事权利能力

1. 外国法人的民事权利能力适用法人成立地的法律。

2. 外国法人不得援引交易所在国法律不认可的规定以授权其机构或代表进行交易。

第一千一百一十三条 外国法人的活动在白俄罗斯共和国的国民待遇

外国法人在白俄罗斯共和国开展由民事法律规范的商业和其他活动，白俄罗斯共和国法律对外国法人另有规定的除外。

第一千一百一十四条 国家参与的涉外民事法律关系

本编适用于国家参与的涉外民事法律关系，法律另有规定的除外。

第二节 适用于人身权的法律

第一千一百一十五条 对人身权的保护

人身权适用导致人身权被请求保护的行为或其他情况发生地的法律。

第三节 交易、代理、诉讼时效

第一千一百一十六条 交易形式

1. 交易形式遵循交易发生地的法律。但符合白俄罗斯共和国法律的要求的，不得以不符合对交易形式的规定为由认定在国外进行的交易无效。

2. 对外经济贸易中至少有一个参与方为白俄罗斯共和国的法人或公民的，不论交易地点在何处，均应以书面形式进行。

3. 不动产交易形式适用该不动产所在国的法律，白俄罗斯共和国国家登记册上登记的不动产交易形式适用白俄罗斯共和国的法律。

第一千一百一十七条　授权委托书

授权委托书的形式和期限适用授权委托书签发国的法律。但是，授权委托书的内容符合白俄罗斯共和国法律的要求的，不能因不符合形式要求而认定其无效。

第一千一百一十八条　诉讼时效

1. 诉讼时效适用规范涉外民事关系的国家的法律。

2. 如果涉外民事关系的参与者中至少有一个参与方为白俄罗斯共和国的法人或公民的，不适用诉讼时效的情形，适用白俄罗斯共和国的法律。

第四节　所有权和其他物权

第一千一百一十九条　物权法律适用的一般规定

1. 不动产和动产的所有权和其他物权适用财产所在国的法律，法律另有规定的除外。

2. 不论财产属于不动产还是动产，抑或是该财产的其他法律定性，均适用该财产所在国的法律。

第一千一百二十条　所有权和其他物权的设立和消灭

1. 交易标的物的所有权和其他物权的设立和消灭，适用交易地的法律，当事人另有约定的除外。

2. 非交易标的物的财产的所有权和其他物权的设立和消灭适用导致物权设立或消灭的行为或其他情形发生时财产所在国的法律，白俄罗斯共和国法律另有规定的除外。

3. 因取得时效而产生的财产所有权和其他物权适用时效结束时财产所在国的法律。

第一千一百二十一条　运输工具和其他应记入国家登记册的财产的物权

运输工具和其他应记入国家登记册财产的物权，适用运输工具或该财产登记地所在国的法律。

第一千一百二十二条　运输中动产的所有权和物权

交易途中动产所有权和其他物权适用动产运输出发国的法律，当事人另有约定的除外。

第一千一百二十三条　对所有权和其他物权的保护

1. 对所有权和其他物权的保护可以根据申请人的选择适用财产所在国的法律或法院所在国的法律。

2. 对不动产所有权和其他物权的保护适用不动产所在国的法律。在白俄罗斯共和国国家登记册上登记的财产适用白俄罗斯共和国的法律。

第五节　合 同 义 务

第一千一百二十四条　合同当事人协议选择适用法律

1. 合同当事人可以在订立合同时或订立合同后协议选择其合同约定的权利和义务适用的法律，只要不违反法律规定。

2. 合同当事人就选择适用的法律达成协议的，须明示或从合同条款和相关事实中直接推断。

3. 合同当事人在订立合同后根据协议选择适用法律具有追溯效力，自订立合同之日起生效，但不影响第三方的权利。

4. 合同当事人可以协议选择整个合同及其各部分适用的法律。

第一千一百二十五条　合同当事人未就适用法律达成协议时的法律适用

1. 合同当事人未就适用法律达成协议的，合同适用以下当事人的成立地、居住地或主要营业地的法律：

（1）销售合同中的卖方；

（2）赠与合同中的赠与人；

（3）租赁合同中的出租人；

（4）无偿使用财产合同中的出借人；

（5）承包合同中的承包人；

（6）运输合同中的承运人；

（7）运输代理合同中的运送代理人；

（8）贷款合同或其他信贷合同中的债权人；

（9）委托代理合同中的代理人；

（10）代理合同中的代理人；

（11）保管合同中的保管人；

（12）保险合同中的保险人；

（13）担保合同中的担保人；

（14）质押合同中的质押人；

（15）独家使用许可合同中的许可人。

如果无法确定本款第一项至第十五项所述缔约方的主要营业地，则适用其经常居住地所在国的法律。

2. 不动产合同和财产信托管理合同规定的权利和义务适用财产所在国的法律，白俄罗斯共和国国家登记册上登记的财产适用白俄罗斯共和国的法律。

3. 不论是否符合本条第一款规定的情形，合同当事人未就适用法律达成协议的，适用：

（1）联合经营合同和建筑合同适用活动进行地或产生合同规定结果地所在国的法律；

（2）根据拍卖或交易所结果订立的合同适用举行竞标地或交易所所在国的法律。

4. 对于本条第一款至第三款未列举的合同，合同当事人未就适用法律达成协议的，适用对合同内容有决定性作用的履约方主要营业地的法律。无法确定对合同内容有决定性作用的履约方主要营业地的，适用该当事人经常居住地所在国的法律。无法确定对合同内容有决定性作用的履约行为的，适用与合同关系最密切的国家的法律。

5. 关于接受合同的履行，应考虑接受地的法律，当事人另有约定的除外。

6. 如果合同使用国际公认的贸易术语，应视为合同当事人已同意对其关系适用有关贸易术语的通常含义，合同另有约定的除外。

第一千一百二十六条 关于涉外法人成立合同的法律适用

涉外法人成立合同适用法人成立地的法律。

第一千一百二十七条 适用法律的范围

1. 根据本节规定适用于合同的法律的范围包括：

（1）合同的解释；

（2）当事人的权利和义务；

（3）合同的履行；

（4）不履行或不当履行合同的后果；

（5）合同的终止；

（6）合同无效或不生效的后果；

（7）与合同有关的债权转让和债务转移。

2. 关于履约的方式和程序，以及在不当履行的情况下应采取的措施，除确定适用的法律外，还应当考虑履约行为发生国的法律。

第六节 非合同义务

第一千一百二十八条 单边合同产生的义务

单边合同（悬赏广告、无因管理等）适用交易地的法律。完成单边合同的地点的确定适用白俄罗斯共和国的法律。

第一千一百二十九条 因损害而产生的责任

1. 因损害而产生的责任下的权利和义务适用损害赔偿要求依据的行为或其他情况发生地的法律。

2. 当事人是同一国家的公民或法人的，因在国外的损害而产生的责任下的权利和义务适用该国的法律。

3. 损害赔偿要求依据的行为或其他情况不违反白俄罗斯共和国法律的，不适用外国法律。

第一千一百三十条 对消费者造成损害的赔偿责任

消费者因购买商品或接受服务而遭受损失的，由消费者选择赔偿责任适用如下地点所属国的法律：

（1）消费者居住地所在国家；

（2）生产商或服务提供者的居住地或所在地国家；

（3）消费者购买商品或向其提供服务的国家。

第一千一百三十一条　不当得利

1. 因不当得利而产生的责任，适用获利地所在国的法律。

2. 因获得或保存财产的依据消失而产生不当得利的，根据该依据所属国的法律确定适用的法律。

3. 不当得利的概念的确定适用白俄罗斯共和国的法律。

第七节　智 力 成 果

第一千一百三十二条　知识产权

1. 知识产权适用被请求保护该权利的国家的法律。

2. 以知识产权为标的的合同根据本章关于合同义务的规定适用法律。

第八节　继　承　法

第一千一百三十三条　继承关系

继承关系适用立遗嘱人最后的经常居住地所在国的法律，本法典第一千一百三十二条和第一千一百三十五条有其他规定的除外，立遗嘱人在遗嘱中选择其作为公民所属国的法律的除外。

第一千一百三十四条　不动产和须在国家登记册登记的财产的继承

不动产的继承适用财产所在国的法律，在白俄罗斯共和国国家登记册上登记的财产适用白俄罗斯共和国的法律。

第一千一百三十五条　民事主体订立和撤销遗嘱的能力，遗嘱的形式及其撤销

民事主体订立和撤销遗嘱的能力，以及遗嘱的形式及其撤销，适用立遗嘱人在起草遗嘱时居住地所在国的法律，立遗嘱人在遗嘱中选择其作为公民所属国的法律的除外。但遗嘱内容符合起草地的法律或白俄罗斯共和国法律的要求的，遗嘱的订立或撤销不能因不符合形式要求而被视为无效。